Uwe Heimowski

IST DAS FAIR?

Ein kleines Buch über Gerechtigkeit

Mit Bildern von Volker Konrad

NEUFELD VERLAG

JUSTITIA

Augen zu für Gerechtigkeit

Justitia ist die römische Göttin der Gerechtigkeit und das Vorbild für alle Menschen, die Recht sprechen. Häufig findet man Bilder oder Statuen von ihr in Gerichten oder in Universitäten, wo Rechtsanwälte oder Richter ausgebildet werden.

Justitia trägt eine Augenbinde. Das bedeutet, dass sie unparteiisch ist und keine Vorurteile hat. Sie achtet nicht auf das Aussehen einer Person oder darauf, ob jemand arm oder reich ist. Männer und Frauen, Menschen mit verschiedenen Hautfarben – sie sind alle gleich und werden mit Respekt behandelt. Wenn Justitia ein Urteil spricht, dann zählen nur die Tatsachen und Beweise.

In ihrer Hand hält Justitia oft eine Waage, um auszudrücken, dass sie die Argumente und Beweise beider Seiten sorgfältig abwägt, bevor sie ein Urteil fällt. Dies symbolisiert Fairness und Ausgewogenheit in der Rechtsprechung. Manchmal trägt Justitia auch ein Schwert, um zu zeigen, dass sie die Macht hat, Recht und Ordnung durchzusetzen, so wie auch Polizisten eine Waffe tragen. Dies soll verdeutlichen, dass Gerechtigkeit nur entsteht, wenn man sich gegen Ungerechtigkeit zur Wehr setzt.

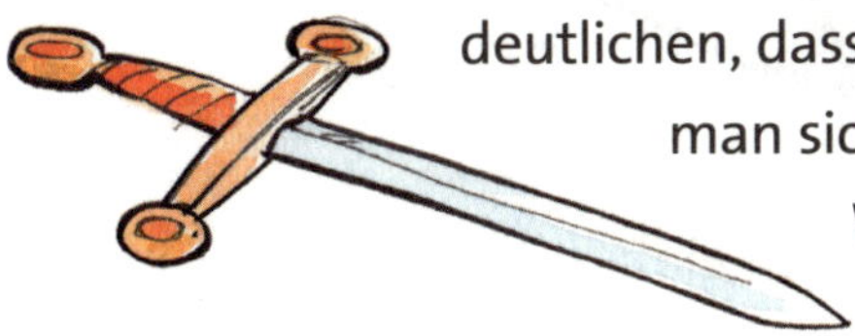

Justitia und ihre Symbole zeigen, dass Gerechtigkeit unparteiisch und fair sein soll.

PS: Habt ihr bemerkt, dass unsere Justitia auf dem Titelbild unter ihrer Augenbinde hervorschaut? Wir wollen damit zeigen: Natürlich gelten vor dem Recht alle Menschen gleich – aber man muss schon genau hinsehen, wenn es ungerecht zugeht, damit man etwas dagegen tun kann. Es gibt ein altes hebräisches Wort für Gerechtigkeit: „Zedaka“. Es bedeutet: Gerecht ist, wenn ich als Mensch gesehen werde, ganz persönlich, in meinem Leben.

„Das ist unfair!“

Warum ich dieses Buch geschrieben habe

„Das ist unfair!“ Ich glaube, jeder von uns kennt dieses Gefühl. Manchmal ist das Leben einfach nicht gerecht. Beim Fußball auf dem Bolzplatz wählen wir Mannschaften. Und ich? Komme natürlich als Letzter dran. Peinlich ist das. Wir essen Mittag – und wer muss schon wieder beim Geschirrspülen helfen, obwohl ich gestern erst abgetrocknet habe? Oder warum kriegt meine Mitschülerin das größte Lob, obwohl ihr Bruder ihre Präsentation gebastelt hat (und das sieht ein Blinder mit dem Krückstock, nur unser Lehrer mal wieder nicht), während ich mich das ganze Wochenende abgemüht habe, um Material zu suchen?

Ist es fair, dass unsere Nachbarn jedes Jahr an einen anderen Strand in den Urlaub fliegen und wir immer bei Oma auf dem Bauernhof sind und auch noch ausmisten helfen müssen, weil wir uns so eine weite Reise nicht leisten können? Ist es fair, dass ich immer die alten Sachen von meiner Cousine auftragen muss, während meine Freundinnen Markenklamotten tragen?
Es geht manchmal ganz schön ungerecht zu. Das kennen wir alle.

Doch wenn ich ehrlich bin, muss ich sagen: Ich ärgere mich zwar manchmal darüber, dass ich nicht fair behandelt werde. Aber eigentlich geht es mir meistens gut. Ich darf ja mitspielen. Ich bekomme zu essen. Wir sind im Urlaub. Und ich habe etwas anzuziehen. Andere haben das nicht. Vielen Kindern geht es nicht so gut wie mir.
Ist es gerecht, dass Eyven seine Eltern und seine Füße verloren hat und nicht mehr in seinem Haus wohnen kann, weil es durch ein Erdbeben zerstört wurde? Ist es fair, dass Malala nicht in die Schule gehen durfte, weil sie ein Mädchen ist, und Ruby nicht, weil sie schwarz ist? Ist es gerecht, dass Mary kein sauberes Wasser zum Trinken hatte und sie und ihre Nachbarn krank davon wurden? Ist es gerecht, dass die Menschen in Deutschland das

meiste Geld besitzen, obwohl sie nur ein kleiner Teil der Weltbevölkerung sind? Nein, das ist nicht gerecht.
Aber, und das ist das Wichtigste an diesem Buch: Sie alle, die ich gerade aufgezählt habe, haben sich das nicht gefallen lassen. Sie haben laut gerufen: „Das ist ungerecht!" Und dann haben sie überlegt, was sie dafür tun können, dass es gerechter zugeht auf dieser Welt.

Gerechtigkeit ist für mich ein großes Thema. Warum?
Eine Zeitlang habe ich mit Menschen gearbeitet, die keine Wohnung hatten. Sie mussten draußen schlafen. Auch im Winter, wenn es bitterkalt war. Viele großartige Menschen, um die sich aber niemand gekümmert hat. Sie bekamen bei uns eine Suppe mit Brot und eine warme Dusche, und dann spielten wir zusammen „Mensch ärgere dich nicht" (und ich habe mich immer geärgert, wenn ich rausgeworfen wurde).

Später habe ich mitgeholfen, dass Familien, die aus ihrem Land geflohen sind, weil dort Krieg herrscht, in Deutschland willkommen geheißen werden. Ich war Pastor und in unserem Gemeindehaus haben wir ein „Café Global" eröffnet mit leckeren Köstlichkeiten aus aller Welt: mit Süßigkeiten aus Syrien und gefüllten Paprika aus Afghanistan. Es gab gemeinsame Abende, an denen die Geflüchteten ihre Geschichten erzählen konnten. Zweimal in der Woche boten wir Deutschunterricht an. Oft waren es die Kinder, die ihren Eltern die schwere neue Sprache erklärten.

Heute arbeite ich in der Entwicklungszusammenarbeit (was das genau ist, erkläre ich in einem späteren Kapitel, auf Seite 69). Wir helfen mit, dass reiche und arme Länder zusammenarbeiten, damit ärmere Menschen keinen Hunger leiden müssen, damit ihre Kinder zur Schule gehen können und damit sie eine gute Arbeit finden und gerechte Löhne bekommen.

Dieses Buch habe ich geschrieben, weil ich dankbar bin, dass es mir selbst sehr gut geht. Ich habe einen Beruf und eine Familie und einen Hund und ein Haus und ein Auto und Hosen und Jacken und ein Bett – und noch viel mehr.

Deswegen möchte ich, dass es anderen auch gut geht.
Leider ist es nicht so. Es geht nicht allen Menschen gut. Und das ist unfair!
In diesem Buch werde ich am Anfang erklären, was das eigentlich ist, Gerechtigkeit. Und dann möchte ich dir die Geschichten von Eyven und Malala, von Ruby und Mary erzählen. Und dir Ellie und Anne und ihren „Youth for Justice"-Kurs vorstellen, bei dem Jugendliche lernen, wie sie sich aktiv für eine gerechtere Welt einsetzen können.
Sie alle können Mut machen, dass nicht nur Erwachsene, sondern auch Kinder und Jugendliche etwas bewegen können. Denn es stimmt, vieles ist unfair. Aber man kann etwas dafür tun, dass es gerechter zugeht.

VERSCHIEDENE WINDELN, ABER GLEICHE RECHTE

Am Anfang sind alle Menschen gleich. Wir kommen als Babys auf die Welt. Nackt. Dann machen wir unseren ersten Schrei. Und dann werden wir gebadet und in unsere erste Windel gewickelt.

Am Anfang sind wir alle gleich. Oder doch nicht? Nicht alle Windeln sind gleich. Die Kinder merken nicht, ob sie eine Windel bekommen, die weggeworfen wird, wenn sie voll ist. Ihre Eltern gehen in den Supermarkt und kaufen ein großes Paket für ihr Neugeborenes.
Andere Eltern haben kein Geld oder jedenfalls nicht so viel. Deswegen benutzen sie eine Windel aus Stoff. Die wird gewaschen, wenn das Baby sie vollgemacht hat. Das ist zwar gut, weil

so weniger Müll entsteht, aber es ist sehr viel Arbeit, die vielen Windeln zu waschen.
Und die Mütter in armen Ländern wie Afrika oder Indien oder Peru haben auch ohne Windeln viele Aufgaben: Am frühen Morgen müssen sie zum Brunnen laufen und Wasser holen, manchmal sind sie zwei oder drei oder noch mehr Stunden unterwegs. Danach sammeln sie Feuerholz, helfen bei der Feldarbeit, und am Abend kochen sie das Essen für die Familie. Und dann müssen sie noch die Windeln waschen. Viele Mütter haben keine Zeit, um mit ihren Kindern zu spielen oder ihnen bei den Hausaufgaben zu helfen.
Wir sind nicht alle gleich. Manche Menschen sind reich, und andere sind arm. Das ist ungerecht. Sehr, sehr ungerecht.

Aber in einem Punkt sind wir doch alle gleich: Wir sind alle Menschen. Arme, Reiche, Schwarze, Weiße, Männer und Frauen. Niemand ist mehr wert als ein anderer. Egal, wo er herkommt oder wie sie aussieht.
Man kann auch sagen: Alle Menschen haben die gleiche Würde. Und deswegen fängt das wichtigste Gesetz in Deutschland mit diesem Satz an. Daran müssen sich alle Menschen halten:

Die Würde des Menschen ist unantastbar. Sie zu achten und zu schützen ist Verpflichtung aller staatlichen Gewalt.
(Artikel 1 Grundgesetz der Bundesrepublik Deutschland.)

Ein Staat, also der Bundeskanzler und die Bürgermeisterinnen und die Richter, und überhaupt alle Menschen in Deutschland sollen darauf achten, dass die Würde geschützt wird. Niemand in unserem Land darf benachteiligt werden, weil er anders ist als die anderen. Das ist eine gute Sache.
Wenn nun alle Menschen gleich viel wert sind, dann ist es nur fair, wenn auch alle Menschen genug zu essen haben oder zur Schule gehen können. Das nennt man Menschenrechte. Auch diese wurden aufgeschrieben in der Allgemeinen Erklärung der Menschenrechte. Diese Erklärung hat die UNO formuliert, und fast alle Länder der Erde haben sie unterschrieben. Sie gilt überall auf der Welt.
Und wisst ihr was? Auch Kinder haben Rechte, nicht nur Erwachsene. Diese Rechte findet man in der Kinderrechtskonvention.

Wollt ihr wissen, was da drin steht?

- *Jedes Kind hat das Recht auf alle Dinge, die es zum Leben braucht. Dazu gehören zum Beispiel Essen und Trinken oder eine ärztliche Behandlung. Auch zur Schule gehen zu dürfen, ist ein Kinderrecht, sowie das Recht auf Spiel und Freizeit.*
- *Alle Mädchen und Jungen haben die gleichen Rechte, und kein Kind darf schlechter behandelt werden als andere Kinder.*
- *Jedes Kind hat das Recht, gesund, umsorgt und vor Gewalt geschützt aufzuwachsen. Dazu gehört auch der Schutz vor Kinderarbeit oder früher Heirat.*
- *Jedes Kind hat das Recht, bei seinen Eltern zu wohnen oder, sollten die Eltern getrennt leben, Kontakt zu beiden Elternteilen zu haben.*
- *Alle Mädchen und Jungen haben das Recht, sich eine eigene Meinung zu bilden und sich für diese einzusetzen.*

(**Quelle**: https://www.plan.de/kinderschutz/kinderrechte/kinderrechte-einfach-erklaert)

Alle Menschen haben also die gleiche Würde. Sie haben die gleichen Rechte, und Rechte gelten auch für Kinder. Das ist gut. Und gerecht.

humanrightslogo.net

Trotzdem gibt es ziemlich viel Ungerechtigkeit auf der Welt. Das fängt – wie wir gesehen haben – schon bei den Windeln an. Wie kommt das? Und was ist dann wirklich gerecht? Davon handelt das nächste Kapitel.

Die Vereinten Nationen (UNO)

Vereinte Nationen oder UNO ist der Name einer Organisation von Staaten. Sie hat 193 Mitglieder, also fast alle Staaten der Welt. Das Ziel der Vereinten Nationen ist es, den Frieden zu sichern, die Menschenrechte zu schützen und ganz allgemein dabei zu helfen, dass man in der Welt besser zusammenarbeitet. Wegen des englischen Namens „United Nations Organization" spricht man auch von der UN oder der UNO.

(**Quelle**: Klexikon – das Kinderlexikon)

EINE FAIRE WELT

... und was Affe, Fisch und Elefant damit zu tun haben

Kennt ihr dieses Sprichwort: „Ein Bild sagt mehr als tausend Worte“? Manchmal kann man lange reden, um etwas zu erklären. Doch keiner versteht etwas. Und dann zeigt einer ein Bild, und alle wissen, was gemeint ist.
Es gibt ein Bild zum Thema Gerechtigkeit, bei dem jeder sofort erkennt, dass es eigentlich ungerecht zugeht. Das muss man gar nicht erst erklären. Das Bild ist eine Karikatur. Der Zeichner Hans Traxler hat es schon vor fünfzig Jahren gemalt.

Auf dem Bild sind verschiedene Tiere zu sehen: Ein Affe, ein Elefant, ein Fisch in einem Glas, ein Vogel, ein Pinguin und eine Robbe. Die Tiere stehen in einer Reihe. Ihnen gegenüber sitzt ein Mann an einem Schreibtisch. Gespannt schauen die Tiere ihn an. Hinter den Tieren sieht man einen großen Baum. Der Mann – vielleicht ein Lehrer? – gibt den Tieren eine Aufgabe. Er sagt: „Damit es gerecht zugeht, bekommt jeder die gleiche Aufgabe: Jeder soll auf diesen Baum klettern!"
Alle bekommen die gleiche Aufgabe. Aber nein, wirklich gerecht ist das nicht. Der Vogel und der Affe werden – schwuppdiwupp – auf dem Baum sitzen. Der Pinguin hat nur eine Chance, wenn es ganz niedrige Äste gibt. Der Robbe fehlen die Arme zum Klettern, und der Elefant wird den Baum eher umstoßen, als hinaufzukommen. Und der Fisch? Der Arme kann so wild mit den Flossen rudern, wie er will. Er wird doch keinen Millimeter aus seinem Glas herauskommen.

Merkwürdig ist das schon. Als ich ein Kind war, haben wir in einem kleinen Dorf gewohnt. Einmal in der Woche waren wir im Supermarkt in der Stadt einkaufen. Wir Kinder durften uns dann immer eine Tüte mit Süßigkeiten aussuchen. Zuhause wurde verteilt: Jeder bekam gleiche viele Gummibärchen oder Schokoladenbonbons. Das war gerecht, fanden wir.
Wenn also alle die gleiche Menge Bonbons bekommen, ist es gerecht. Wenn alle die gleiche Prüfungsaufgabe bekommen, kann es ganz schön unfair sein. Wie kommt das?

Wenn wir über Gerechtigkeit nachdenken, tauchen viele solcher Fragen auf.

Es gibt Menschen, deren Beruf es ist, Fragen zu stellen. Man nennt sie Philosophen. Philosophen sind richtig kluge Menschen. Sie denken über die wichtigsten Fragen der Welt nach. Wo komme ich her? Hat Gott mich geschaffen? Wo gehe ich hin? Gibt es einen Himmel? Was unterscheidet die Menschen von Tieren? Wie kann man eigentlich wissen, wer recht hat? Wie können wir so leben, dass es allen gut geht? Oder: Wer legt eigentlich fest, wer die Bestimmer auf der Welt sind?
Ihren komplizierten Namen haben die Philosophen in Griechenland bekommen. Vor mehr als 2000 Jahren lebten die ersten Philosophen. Sophia – kennst du diesen Mädchennamen? – ist ein griechisches Wort und bedeutet Weisheit. Ein weiser Mensch ist jemand, der schlau ist, und noch ein bisschen mehr: Man nennt es auch „lebensklug". Weise ist jemand, der schon viel erlebt hat. Wie die Philosophen – oder wie mein Opa.
Als ich ein Kind war, noch bevor ich in die Schule kam, war ich ziemlich neugierig. Meinem Opa konnte ich alle Fragen stellen, die mir durch den Kopf gingen: Warum bewegen sich die Wolken am Himmel? Warum sehen Menschen so verschieden aus? Wieso gibt es verschiedene Berufe? Mein Opa hat mir zugehört, und meistens hat er mir als Antwort eine Geschichte erzählt. Und manchmal, wenn er keine Antwort wusste, lachte er und sagte: „Du fragst mir noch ein Loch in den Bauch."

Philia ist auch griechisch und heißt Freundschaft. Ein Philo-Soph ist also ein Freund der Weisheit. Oder anders gesagt: Ein Philosoph ist ein Mensch, der gerne so lange Fragen stellt, bis er eine gute Antwort gefunden hat – oder bis er bemerkt, dass es vielleicht auf manche Fragen gar keine (gute) Antwort gibt.
Vielleicht hast du ja auch Lust am Philosophieren? Dann tu dich mit ein paar Freunden oder mit deiner Klasse zusammen und sprecht mal über diese Fragen. Bestimmt fallen euch noch andere ein. Kinder sind nämlich die besten Fragensteller der Welt.

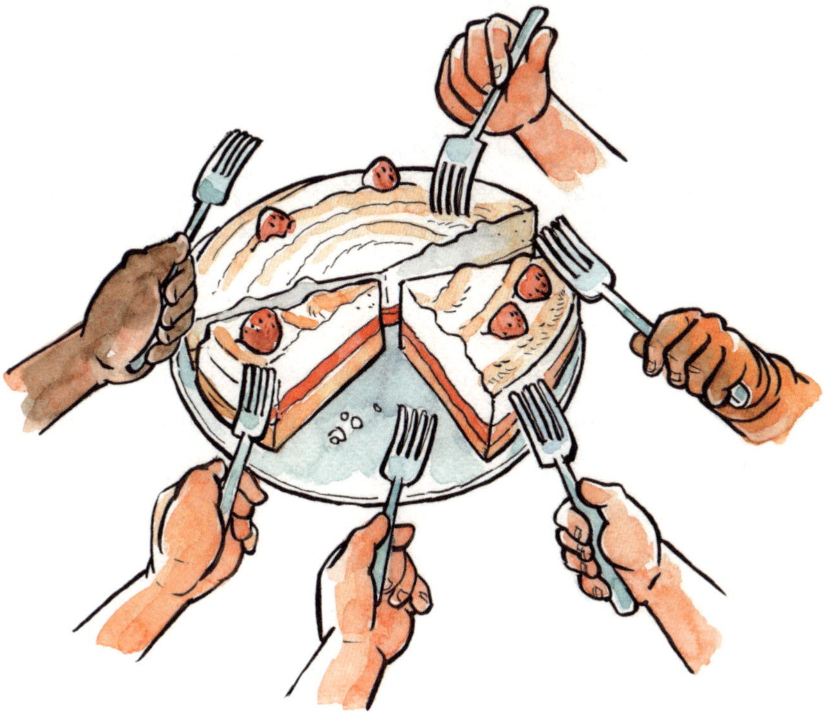

Viele kluge Männer und Frauen – Philosophen können Männer und Frauen sein, denn Intelligenz und Weisheit haben nichts mit dem Geschlecht oder der Hautfarbe zu tun, auch wenn es immer wieder Menschen gibt, die das nicht verstehen – viele Männer und Frauen also haben sich viele Gedanken gemacht und darüber nachgedacht, was Gerechtigkeit eigentlich ist.
Aristoteles war so ein Philosoph in Griechenland. Er hat gefragt: Ist es gerecht, wenn jeder das Gleiche bekommt?

Wir haben gemerkt: Manchmal ist es gerecht (bei den Süßigkeiten), manchmal klingt es nur gerecht (bei den Tieren) – und ist eigentlich ganz schön unfair, weil nicht alle die gleichen Voraussetzungen haben, um die Aufgabe zu lösen.

Aristoteles war der Meinung, es ist gerechter, wenn nicht alle gleich behandelt werden. Er fand: Gerecht ist, wenn jeder das bekommt, was er auch wirklich braucht. Aber – und so ist das in der Philosophie – es stellt sich sofort die nächste Frage: Woher weiß man überhaupt, was man wirklich braucht? Will nicht jeder lieber das größere Stück vom Kuchen haben als das kleine? Und denken wir nicht manchmal, dass wir etwas unbedingt brauchen? Wir wünschen uns nichts sehnlicher als das neue Spielzeug oder die angesagten Sportschuhe. Dann bekommen wir sie und merken, dass wir sie nach einer Weile in der Ecke liegen lassen. Was brauchen wir wirklich, damit es fair zugeht?

Darüber hat noch ein anderer Philosoph nachgedacht. Ich stelle ihn euch im nächsten Kapitel vor.

GLEICHE CHANCEN – DAS IST FAIR

Mein Lieblingsphilosoph heißt John Rawls (1921–2002). John lebte in Amerika. Er fand es ungerecht, dass manche Menschen reich sind und andere arm. Er überlegte, wie man eine Lösung für dieses Problem finden kann. Schließlich hatte John Rawls die Idee für ein Experiment: Was wäre, so überlegte er, wenn man die Zeit zurückdrehen und noch mal am Anfang beginnen könnte? Als es noch keine Armen und Reichen gab. Und dann fragt man die Menschen, wie viel Geld sie jeden Monat zum Leben brauchen.

Dabei baute John Rawls einen Trick in sein Experiment ein: Kein Mensch sollte den anderen sehen, alle sitzen hinter einem Vorhang. Und so weiß niemand, was die anderen sagen. Ob sie sich mehr oder weniger wünschen als man selbst. Und dann darf jeder sagen, was er braucht. Der eine sagt dann: „Ich brauche

jeden Monat zweitausend Euro. Dann kann ich meine Miete bezahlen, mir Kleidung kaufen und habe genug zu essen." Der andere sagt: „Ich möchte gerne in den Urlaub fahren. Und ich brauche ein Auto. Viertausend Euro im Monat sind für mich genug." Jeder darf sagen, wie viel er braucht. Und dann bekommt jeder das, was er sich wünscht.
Alle Wünsche wären erfüllt, die Welt wäre gerecht.

Was meint ihr, würde das klappen? Wären dann alle zufrieden und würden sagen: „Ja, das ist gerecht?" John Rawls glaubte das nicht, und ich vermute, er hat recht. Denn es gibt ein Problem: Sobald der Vorhang weg ist, sieht man, wie viel die anderen haben. Und dann fängt der Neid an, man beginnt, sich zu ärgern.
Das kennst du bestimmt:
Du wünschst dir eine Kugel Eis, deine Eltern kaufen sie dir – du schleckst sie und bist zufrieden. Aber dann siehst du die Klara aus deiner Klasse. Sie hat auch ein Eis – aber mit drei Kugeln. Ganz ehrlich: Du fängst doch an, dich zu ärgern. „Warum habe ich mir nicht auch drei Kugeln gewünscht? Das ist ungerecht."

Deswegen hat John Rawls noch einmal nachgedacht und er kam zu dem Schluss: Solange wir neidisch sind, werden wir nie das Gefühl haben, dass es gerecht zugeht.

Es ist also nicht immer gerecht, wenn alle das Gleiche bekommen. Aber es ist auch nicht gerecht, wenn einer mehr hat als der andere. Jedenfalls fühlt es sich nicht so an. Kann es dann überhaupt irgendwann gerecht zugehen?

Wir werden immer neidisch sein, sagte John Rawls. Und es wird auch nie ganz gerecht zugehen. Aber er fand, dass es am ehesten gerecht ist, wenn wir versuchen, fair zu sein. Fair ist, erklärte er, wenn jeder Mensch die gleichen Chancen hat.

Es ist ungerecht, dass manche Menschen einen guten Beruf haben und andere nicht. Fair ist, wenn jeder die Möglichkeit hat, einen Beruf zu wählen, der ihm gefällt.
Dafür brauchen sie die Möglichkeit, zur Schule zu gehen. Fair ist also, wenn Kinder aus armen Ländern in die Schule gehen können. Fair ist, wenn Mädchen und Jungen, wenn Schwarze und Weiße in die Schule gehen können. Fair ist, wenn Menschen, die aus einem anderen Land kommen, erst mal die neue Sprache lernen können.
Trotzdem werden nicht alle den Abschluss machen. Und es werden nicht alle gleich viel Lust haben, zur Schule zu gehen. Das macht auch nichts, denn Menschen sind verschieden. Fair ist, wenn alle die gleichen Chancen haben.

Und viele Politiker fanden diese Gedanken sehr gut. Deshalb wurden in vielen Ländern Gesetze beschlossen, die alle Menschen fair behandeln und ihnen helfen, gleiche Chancen zu bekommen.

In Deutschland gibt es zum Beispiel das „Bundes-Teilhabe-Gesetz“.
Was das bedeutet, wird auf der Webseite des Ministeriums für Arbeit und Soziales in einfacher Sprache erklärt:

- *„So sollen Menschen mit Behinderung an der Gesellschaft teilhaben können.*
- *Unter der Gesellschaft versteht man das Zusammenleben aller Menschen.*
- *Sie sollen so leben können wie Menschen ohne Behinderung. Zum Beispiel sollen sie ihren Arbeitsplatz selber wählen können.*
- *Jede Person mit Behinderung soll die Unterstützung bekommen, die sie braucht.“*

Das gefällt mir ziemlich gut. Ich finde es fair. Zum Glück gibt es Philosophinnen und Philosophen. Denn hätte John Rawls nicht die Idee gehabt, dass Gerechtigkeit vor allem Fairness ist, wäre niemand auf die Idee gekommen, ein Gesetz über Teilhabe zu beschließen.

Nachdenken ist wichtig. Aber Nachdenken ist nicht alles. Wenn es irgendwo auf der Welt ungerecht zugeht, dann braucht es mutige Frauen und Männer, die etwas dagegen tun. Und sehr oft sind es auch Kinder, die etwas verändern. In den nächsten Kapiteln stelle ich euch einige von ihnen vor und erzähle ihre Geschichten.

MALALA

und das Recht, zur Schule zu gehen

*„Ich erhebe meine Stimme nicht, um zu schreien,
sondern um für die zu sprechen, die keine Stimme haben.“*
Malala Yousafzai

Es ist ein dunkler, kühler Morgen in Schweden an diesem 10. Dezember 2014. Heute ist Malalas großer Tag. Schon morgens kann sie vor Aufregung nicht stillsitzen. Sie probiert ein Kleid an. Dann ein anderes. Und wieder das erste. Schließlich entscheidet sie sich für das orange mit den roten Stickereien, wie man es

traditionell in Pakistan trägt. Dazu eine dünne weiße Jacke und einen roten Schal als Kopftuch, der lose um ihre Schultern hängt. Ihr Haar ist gescheitelt und zu einem Zopf gebunden.
Malala liest ihre Rede noch einmal durch und probt sie vor dem Spiegel. Malala ist 17 Jahre alt, und heute wird sie hier in Stockholm, der Hauptstadt von Schweden, den wichtigsten Preis überreicht bekommen, den es gibt: den Friedensnobelpreis.

Malala ist der jüngste Mensch, der den Friedensnobelpreis jemals bekommen hat. Die Preisträger halten eine Rede. Hunderte Millionen Zuschauer auf der ganzen Welt werden Malala an ihren Fernsehgeräten sehen.
Jedes Jahr wird dieser Preis an Menschen verliehen, die sich für Frieden und Menschenrechte einsetzen. Manchmal bekommt ihn eine einzige Person, manchmal sind es mehrere, und manchmal erhält ihn auch eine Organisation. 2014 werden zwei Preisträger ausgezeichnet: Malala, die aus Pakistan stammt, und Kailash Satyarthi, ein Mann aus ihrem Nachbarland Indien.
Das ist eine gute Wahl: Ein Mann und eine Frau. Ein etwas älterer Mensch und ein Teenager. Menschen aus zwei Ländern, die einander oft bedrohen. Gemeinsam sollen sie auf der Bühne stehen. Ein Zeichen für den Frieden.
Der Inder Kailash Satyarthi setzt sich für die Rechte von Kindern ein und möchte, dass alle Jungen und Mädchen die gleichen Chancen auf Bildung erhalten. Das passt gut, denn auch Malala kämpft dafür, dass alle Kinder zur Schule gehen dürfen. In ihrem

Land Pakistan war das für viele Mädchen verboten.

Malala Yousafzai ist in Mingora geboren. Die Stadt hat ungefähr 300.000 Einwohner – das sind so viele wie in Karlsruhe oder in Augsburg. Mingora liegt im Swat-Tal, auf 1000 Metern Höhe und von noch höheren Bergen umgeben.
Malalas Vater war Lehrer und leitete eine Schule. Natürlich besuchte auch die wissbegierige Malala die Schule und liebte es, zu lernen und sich dort mit Freundinnen zu treffen. Malala wollte Ärztin werden.

Doch ein einziger Tag veränderte alles, Malala war gerade elf Jahre alt. In ihrem Land Pakistan und im Nachbarland Afghanistan gibt es eine Gruppe, die sich Taliban nennt. Diese Taliban führten Krieg gegen die Regierung des Landes. Die Taliban wollen einen „Gottesstaat" errichten, wie sie es nennen: Alle Menschen sollen so an Gott glauben wie sie. Wer das nicht will, wird mit Gewalt dazu gezwungen.
In der Vorstellung der Taliban dürfen Mädchen nicht zur Schule gehen. Sie müssen sich um die Hausarbeit kümmern und Kinder erziehen. Wenn sie das Haus verlassen, müssen sie eine Burka tragen, ein schwarzes Kleid, das den ganzen Körper von Kopf bis

Fuß bedeckt und nur ganz kleine Schlitze für die Augen enthält. Viele ältere Taliban zwingen junge Mädchen, sie zu heiraten.

An diesem Tag überfielen die Taliban das Swat-Tal. Sie hatten Gewehre auf Autos geschraubt und schossen auf die Menschen auf der Straße. Sie nahmen den Bürgermeister und die Polizisten gefangen und herrschten jetzt über die Stadt Mingora.
Sofort verboten die Taliban den Mädchen, weiter die Schule zu besuchen. Malalas Traum, Ärztin zu werden, zerplatzte. Doch ihre Eltern ließen sich das nicht gefallen. Sie schickten ihre Tochter heimlich weiter zum Unterricht.
Als die Taliban das erfuhren, wurden Malala und ihre Familie beschimpft und bedroht. Doch obwohl sie damals erst elf Jahre alt war, ließ sich das mutige Mädchen nicht einschüchtern.

Malala begann, die schlimmen Erfahrungen in einem Tagebuch aufzuschreiben. Ein Freund der Familie schickte die Texte an einen Radiosender, den englischen Sender BBC. Der las die Berichte von Malala in seinen Sendungen vor, die man in vielen Ländern hören konnte. Malala wollte, dass die Menschen auf der ganzen Welt etwas über ihr Leben unter der Herrschaft der Taliban erfahren. Sie und ihre Eltern kämpften dafür, dass Mädchen weiter zur Schule gehen durften.

Anfangs wurden die Beiträge gesendet, ohne den Namen von Malala zu nennen, um sie zu schützen. Doch Malalas Tagebücher wurden weltweit bekannt. Überall auf der Welt redeten Menschen über dieses mutige Kind. Malala wurde zu einer Symbolfigur. Andere Menschen nahmen sich an ihr ein Beispiel für den Kampf gegen die Unterdrückung von Mädchen und Frauen.
Malala wurde noch mutiger: Sie trat öffentlich auf und sprach vor vielen Menschen. Malala forderte die Regierung auf, dafür zu sorgen, dass alle Kinder – in Pakistan und

anderen Ländern – zur Schule gehen können. Bildung ist ein Menschenrecht. So steht es in der Allgemeinen Erklärung der Menschenrechte, auf die sich alle Länder gemeinsam geeinigt haben. Auch Pakistan. Malala wusste das. In ihren Reden und Tagebucheinträgen forderte sie dieses Recht ein.

> *Jeder hat das Recht auf Bildung. Die Bildung ist unentgeltlich, zum mindesten der Grundschulunterricht und die grundlegende Bildung. Der Grundschulunterricht ist obligatorisch. Fach- und Berufsschulunterricht müssen allgemein verfügbar gemacht werden, und der Hochschulunterricht muss allen gleichermaßen entsprechend ihren Fähigkeiten offenstehen.*
>
> *Artikel 26 (1) Allgemeine Erklärung der Menschenrechte*

Doch nicht nur die Menschen weltweit, auch die Taliban bekamen natürlich mit, was Malala sagte und schrieb. Sie wurden wütend. So wie Malala durfte ein Mädchen ihrer Meinung nach nicht leben und nicht reden.
Ein feiger Taliban-Kämpfer versteckte sich auf ihrem Schulweg und schoss auf Malala. Sie wurde schwer verletzt. Aber zum Glück kam sie schnell in ein Krankhaus und die Ärzte operierten das Mädchen.

Malala überlebte den Angriff. Zeitungen und Radios und Fernsehsender auf der ganzen Welt berichteten darüber. In Schulklassen wurde Malalas Geschichte im Unterricht erzählt. In Gottes-

diensten wurde für sie gebetet. Malala ist eine Muslima. Ihre Religion ist der Islam. Auch die Taliban nennen sich Muslime. Aber sie benutzen ihren eigenen Glauben, um andere Glaubende zu unterdrücken. Dabei soll der Glaube eines Menschen doch eigentlich zum Frieden führen. Nach dem Attentat gab es immer mehr Menschen, vor allem Frauen und Mädchen, die Malala unterstützten. Das mutige Mädchen ließ sich von dem Angriff nicht einschüchtern. Im Gegenteil: Sie setzte ihren Kampf für Bildung noch entschlossener fort. Sie gründete den Malala-Fund, eine Organisation, die sich für das Recht auf Bildung für alle Mädchen weltweit einsetzt.

Als sie 16 war, erzählte Malala ihre Geschichte einer Schriftstellerin. Das Buch „Ich bin Malala – Das Mädchen, das die Taliban erschießen wollten, weil es für das Recht auf Bildung kämpft“

wurde veröffentlicht. Es wurde ein Bestseller und in viele Sprachen übersetzt.
Im Jahr darauf erhielt Malala den Friedensnobelpreis für ihren Einsatz für Bildung und ihren Kampf gegen die Unterdrückung von Kindern und Jugendlichen.
Heute lebt Malala in Großbritannien und setzt sich weiterhin für Bildung ein. Sie hält Vorträge, schreibt Bücher und arbeitet mit verschiedenen Organisationen zusammen, damit möglichst alle Kinder Zugang zu Bildung haben.

Malalas Geschichte zeigt, dass auch junge Menschen etwas bewirken können, wenn sie für das kämpfen, woran sie glauben.

Friedensnobelpreis
Der Friedensnobelpreis ist eine Auszeichnung, die seit 1901 in Schweden verliehen wird. Den Preis erhalten Personen oder Organisationen, die sich in außergewöhnlicher Weise für den Frieden und die Förderung der Gerechtigkeit in der Welt eingesetzt haben.

RUBY BRIDGES

und das gleiche Recht für alle

1960 war Ruby Bridges sechs Jahre alt. Sie lebte in New Orleans in den Vereinigten Staaten von Amerika. Das war wenige Jahre, bevor ich geboren wurde. Deine Oma oder dein Opa sind vielleicht so alt, wie Ruby heute ist. Vielleicht können sie sich noch an Rubys Geschichte erinnern? Oder an Rosa Parks. Oder Martin Luther King? Dann können sie dir bestimmt einiges über diese Zeit erzählen. Frag sie mal. Sie alle haben sich dafür eingesetzt, dass weiße und schwarze Menschen die gleichen Rechte bekommen.

Ruby ist eine Afroamerikanerin. So nennt man die Amerikaner, deren Familien aus Afrika stammen. Viele von ihnen

wurden vor langer Zeit in Afrika gefangen genommen und auf Sklavenschiffen nach Amerika gebracht. Sie lagen angekettet im Lagerraum. Die Sklaven wurden unmenschlich behandelt und bekamen wenig zu essen. Viele wurden krank und starben auf der Überfahrt. In Amerika wurden die Sklaven – Männer und Frauen – auf dem Markt verkauft, als wären sie Ochsen oder Esel. Dann mussten sie auf den Feldern arbeiten oder wurden zum Bergbau gebracht. 16 Stunden am Tag pflückten sie Baumwolle oder holten in schweren Eimern Erze aus den Minen. Wenn sie sich beschwerten, wurden sie geschlagen oder ausgepeitscht. Auch die Kinder der Sklaven mussten auf dem Feld arbeiten. Eine Schule besuchen durften sie nicht.

Als Ruby Bridges lebte, war die Sklaverei in Amerika schon lange verboten. Es hatte einen Bürgerkrieg deswegen gegeben, in dem dafür gekämpft wurde, dass auch Schwarze als freie Menschen leben können. Auch durften die Afroamerikaner inzwischen

Schulen besuchen. Zu dieser Zeit gab es aber besonders in den Südstaaten der USA noch viele Schulen, die schwarze Kinder trotzdem nicht zuließen. Die guten Schulen waren nur für Weiße. Überall herrschte die sogenannte „Segregation“ – das bedeutet, dass man die Menschen nach ihrer Hautfarbe trennte. Sie durften in Bussen nicht auf Plätzen sitzen, die nur für Weiße waren, selbst dann nicht, wenn die Plätze für Schwarze besetzt und die Plätze für Weiße noch leer waren. Wenn Afroamerikaner sich nicht an diese Regeln hielten, wurden sie verhaftet.

Die Schwarzen galten als Menschen zweiter Klasse. Viele Weiße hielten sich für eine bessere „Rasse“ als die Schwarzen: Sie

meinten, sie wären zum Herrschen geboren und die Schwarzen zum Dienen. Manche sagten sogar, Gott habe die Menschen so verschieden geschaffen, deswegen dürfte man sie nicht gleich behandeln.

Dabei gibt es bei Menschen keine Rassen, das gibt es nur bei Tieren. Und Gott ist der Schöpfer aller Menschen, er macht ganz bestimmt keine Unterschiede. Kein Mensch ist besser als der andere. Egal, ob er dick oder dünn, ob sie schwarz oder weiß ist, ob er aus Afrika kommt oder ob sie in Indien geboren ist.
Leider gibt es immer wieder Menschen, die andere schlecht machen, weil sie nicht so aussehen wie sie selbst. Das nennt man Fremdenfeindlichkeit oder Rassismus.

Ruby war entschlossen, eine gute Ausbildung zu erhalten und zu einer guten Schule zu gehen.
Als sie sechs Jahre alt war, wurde in ihrem Bundesstaat ein Gesetz erlassen, das es Afroamerikanern erlaubte, alle Schulen zu besuchen. Dafür mussten die Kinder aber einen sehr schweren Test machen. Rubys Eltern meldeten sie an, und sie bestand den Test. Als eines von sechs Kindern im ganzen Bundesstaat wurde sie ausgewählt, um eine Schule zu besuchen, die bisher nur für weiße Kinder reserviert war. Sie würde die erste schwarze Schülerin an dieser Schule sein!

Ruby war stolz. Aber am ersten Schultag war sie auch ziemlich nervös. Wie würden ihre Mitschüler und die Lehrer auf sie reagieren?

Leider kam dann alles noch schlimmer, als Ruby und ihre Eltern befürchtet hatten. Viele Menschen waren dagegen, dass ein schwarzes Mädchen auf die gleiche Schule geht wie ihre Kinder. Hunderte versammelten sich vor der Schule und protestierten dagegen. Sie schrien böse Dinge und warfen mit Gegenständen. Besonders weiße Mütter waren aufgebracht, manche hatten Galgen dabei, andere hoben Totenschädel in die Höhe. Ruby musste von Polizisten (in den USA nennt man sie Marshalls) geschützt werden. Einer sagte, er habe noch nie eine so wütende Menge erlebt.

Als Ruby in der Schule ankam, waren alle Klassenräume leer. Die weißen Eltern hatten ihren Kindern verboten, zur Schule zu gehen.

Wochenlang ging das so. Selbst als die anderen Kinder zurückkamen, weigerten sie sich, gemeinsam mit Ruby in einer Klasse zu sitzen. Ruby wurde allein unterrichtet.

Ruby litt sehr unter der Situation. Vor Angst konnte sie nachts nicht einschlafen. Ihr Vater verlor seine Arbeitsstelle. Und trotzdem ließ sich die Familie nicht einschüchtern. Jeden Tag ging Ruby zur Schule und wurde von den Polizisten begleitet, damit ihr nichts passierte. Ein Marshall sagte später: „Ruby hat viel Mut bewiesen. Sie hat nie geweint. Sie hat nicht gewimmert. Sie marschierte wie

ein kleiner Soldat mit, und wir sind alle sehr stolz auf sie."
Zum Glück gab es an der Schule eine Lehrerin – Barbara Henry, eine Weiße –, die Ruby sehr ermutigte und ihr half, den großen Druck auszuhalten. Weil Ruby nicht auf den Schulhof gehen durfte, spielte die Lehrerin mit ihr in den Pausen im Klassenraum.
Im zweiten Schuljahr kamen weitere Afroamerikaner an die Schule. Jetzt entspannte sich die Lage und Ruby konnte ohne Polizeischutz in die Schule gehen.

Rubys Geschichte erregte viel Aufmerksamkeit im ganzen Land. Sie wurde sogar verfilmt. 1998 kam „Ruby Bridges" in die Kinos. Viele Menschen bewunderten ihren Mut. Sie erkannten, dass alle Kinder das Recht haben sollten, eine gute Bildung zu erhalten, unabhängig von ihrer Hautfarbe.
Dank Rubys Tapferkeit änderten sich die Dinge allmählich. Immer mehr schwarze Kinder wurden in zuvor segregierten Schulen aufgenommen.

Rubys Beitrag half dabei, die Rassentrennung in Amerika zu überwinden. Und bis heute ist sie ein Vorbild für viele Afroamerikaner – und auch für viele andere, die sich für Gerechtigkeit einsetzen.

EYVEN

und die neuen Füße

Wie ein Wirbelwind springt der dreijährige Eyven durch die orthopädische Praxis. Der Junge hat eine unfassbare Energie. Er rennt über die Flure, schneidet die Kurven. Fast wären wir zusammengekracht. Doch geschickt weicht er aus und rennt an mir vorbei. Die Schuhe sind mit Leuchtmitteln versehen und blitzen bei jedem Schritt auf. Schmunzelnd schaue ich hinter ihm her und traue meinen Augen nicht: Eyven rennt – auf Prothesen. Eyven hat keine Füße. Seine Beine reichen nur bis zu den Knien. An den Stümpfen sind Prothesen angebracht, bunte Plastikhalterungen, die in ein Stahlrohr übergehen, an dem Schuhe befestigt sind.

Eine halbe Stunde später sitzt Eyven auf dem Schoß seines Opas. Müde, verschwitzt und glücklich schmiegt er sich an den Büjük Baba, wie Großvater auf türkisch heißt. Stolz schaut der Opa auf Eyven. Und er erzählt seine Geschichte.

Eyven stammt aus Antakya, einer Stadt in der Türkei. Hier lebt er mit seiner Familie. Eyven ist das einzige Kind, aber er hat viele Cousins und Cousinen. Häufig spielen sie zusammen. Es ist Februar, der Winter hat Einzug gehalten. Mit Mama und Papa sitzt Eyven in der warmen Stube. Doch plötzlich wackelt die Erde. Genau 54 Sekunden lang. Weniger als eine einzige Minute. Manche Menschen können so lange die Luft anhalten, ohne einmal einzuatmen. Doch diese 54 Sekunden reichen, um die ganze Stadt zu zerstören. Das Erdbeben lässt ein Haus nach dem anderen zusammenstürzen. Das

Einkaufszentrum in der Mitte der Stadt fällt in sich zusammen, als wäre es aus Bauklötzen gebaut.

Auch Eyvens Haus stürzt ein, bevor der Junge und seine Eltern richtig wissen, was passiert. Es geht alles viel zu schnell. Sie schaffen es nicht, auf die Straße zu laufen. Balken krachen, Wände fallen um. Alles stürzt auf die Familie.
Dann ist es ruhig. Totenstill. Bis man Stimmen hört. Weinen, Rufen, Eltern suchen nach ihren Kindern. Die Bewohner, die sich aus den Häusern retten konnten, rufen ihre Familien in den Nachbarstädten an, bitten um Hilfe. Nach einer gefühlten Ewigkeit heulen Sirenen, Polizei und Feuerwehr kommen, um den Menschen zu helfen. Erst langsam erkennen sie, wie viele Häuser zerstört wurden. Sie suchen nach Überlebenden. In Eyvens Haus rührt sich nichts. Die Rettungskräfte laufen daran vorbei.
Vier Tage vergehen. Endlich kommt auch jemand in Eyvens Haus. Und es ist einfach traurig. Sie finden die Eltern, beide sind in den Trümmern gestorben. Fieberhaft suchen sie nach Eyven. Endlich finden sie den Jungen. Er war vier Tage verschüttet. Doch er lebt. Eyven ist schwerverletzt, sein Körper ist

eiskalt, er ist halb verdurstet – und ein Balken hat seine Unterschenkel zerschmettert.

Als Eyven nach Tagen im Krankenhaus aufwacht, hat er keine Füße mehr. Sein Büjük Baba sitzt an seinem Bett. Er versucht den Jungen zu trösten, doch immer wieder jammert er im Krankenhaus: „Wo ist meine Mama? Und wo sind meine Füße? Ich will meine Beine wiederhaben."

Es zerreißt dir das Herz, wenn du diese Geschichte hörst. Und doch ist es der gleiche Junge, der fünf Monate später durchs Krankenhaus düst.
Was ist dazwischen passiert?

Menschen auf der ganzen Welt haben von dem Erdbeben gehört. Aus vielen Ländern sind Helfer gekommen, um die Menschen aus den Trümmern zu retten. Viele Menschen haben Geld gesammelt und für die Opfer gespendet. So konnten Menschen gerettet werden. Das ist klasse. Jeder von uns kann helfen, wenn wir etwas von unserem Geld abgeben. Wenn viele Menschen ein wenig geben, ist es ganz schön viel. Wenn jeder Bürger in

Deutschland einen Euro spendet, sind das 82 Millionen Euro. Doch leider erreichen die Hilfen nicht alle Erdbebenopfer. Fast tausend Menschen – das sind mehr, als es an den meisten Schulen Schüler gibt – haben Arme oder Beine verloren. Niemand kümmerte sich um diese Menschen.

Das fand Sofya ungerecht. Sofya leitet eine Tagesstätte für Menschen mit Behinderungen. Viele dieser Menschen bekommen Physiotherapie für ihre Arme oder ihren Rücken.
„Da muss man doch etwas machen können. Die Menschen, die jetzt ihre Arme oder Beine verloren haben, brauchen Hilfe", dachte sich Sofya. Sie machte sich auf die Suche nach Menschen, die Prothesen anfertigen. Sie fand eine Werkstatt. Doch dann erfuhr sie, wie teuer die Prothesen sind. Eine einzige kostet zwischen 5.000 und 10.000 Euro. Viel zu

viel für die meisten Familien in der Türkei. Erst recht für diejenigen, die gerade alles verloren hatten durch das Erdbeben.
Doch Sofya wollte unbedingt helfen. Sie hatte Freunde in Deutschland, in Schweden und in Amerika. Die bat sie um Hilfe. Es gab einen Spendenaufruf. Und tatsächlich: Es wurde Geld genug gesammelt, um helfen zu können.
Sofya besuchte die Krankenhäuser. Dort traf sie Eyven und seinen Opa. Sie erzählte ihnen von der Möglichkeit, das Eyven neue Füße bekommen könnte. Der alte Mann wollte es nicht glauben. Neue Füße? Umsonst? Doch dann sah er den verzweifelten Eyven und dachte: Wir müssen es versuchen.
Als die Wunden verheilt waren, begannen die Besuche in der orthopädischen Praxis. Anfangs war Eyven zu ungestüm. Er fiel hin, tat sich weh, wollte nicht mehr. Doch sein Opa blieb geduldig. Langsam lernte Eyven, mit den Prothesen zu laufen. Erst stützte er sich an Stangen ab, dann bekam er Krücken.
Und heute flitzt er wie ein Wirbelwind durch die Flure.

Mich hat der kleine Mann begeistert. Der stolze Blick des Büjük Baba hat mich gerührt. Und ich habe etwas über Teilhabe gelernt: Die engagierte Sofya – und die Spender aus den verschiedenen Ländern – haben für Gerechtigkeit gekämpft. Sie haben das Leid des kleinen Jungen nicht einfach hingenommen. Sie haben es Eyven möglich gemacht, dass er trotz seiner Behinderung laufen und toben und springen kann wie alle anderen Dreijährigen auch.

MARI COPENY

und der Brief an den Präsidenten

Na, wenn das nicht selbstbewusst ist. Mari Copeny hat eine eigene Website. Dort stellt sie sich vor: Ich bin eine 16-jährige Aktivistin, Philanthropin und „zukünftige Präsidentin“. Diese junge Frau hat einen Plan! Und sie kennt echt schwierige Worte. In „Aktivistin“ oder „Aktivist“ steckt das kleine Wörtchen „aktiv“.

Aktivisten sind Personen, die aktiv werden, wenn sie eine Ungerechtigkeit erleben. Aktivisten tun etwas dagegen. Warum werden Menschen Aktivisten? Weil sie Menschen mögen. Und „Menschenmögerin“ oder „Menschenfreund“ heißt auf griechisch „Philanthropin“ (ihr erinnert euch: Wir hatten schon mal griechische Wörter, als wir die Philosophen kennengelernt haben: „Philia“ heißt Freundschaft, das zweite Wort in Philanthrop ist „Anthropos“ und heißt Mensch).

Doch zurück zu Mari Copeny.
Wie kommt ein Teenager dazu, sich so vorzustellen und solche großen Pläne zu schmieden? Präsidentin von Amerika will nicht jeder Teenager werden. Sie wäre übrigens die erste Frau in diesem Amt. Gutes Gelingen, Mari!

Mari hat schon bewiesen, dass sie ihre Ziele erreichen kann, als sie erst acht Jahre alt war. Damals ist sie richtig berühmt geworden. Viele Menschen nannten sie nur noch „Little Miss Flint“.
Was war passiert? Mari wird in der amerikanischen Stadt Flint im Bundesstaat Michigan geboren und wächst dort auch auf. Flint liegt in der Natur, direkt am Flint River.

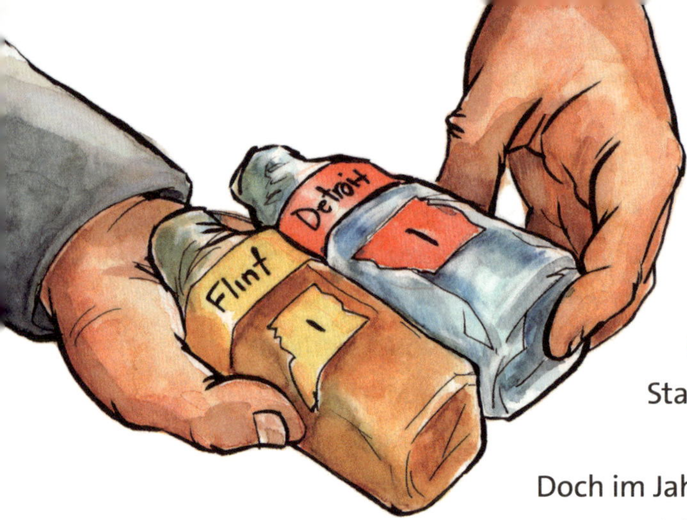

In der Nähe gibt es einen See, den Lake Huron, und einen weiteren Fluss, den Detroit River. Diese beiden liefern der Stadt Flint sauberes Trinkwasser.

Doch im Jahr 2014 wird die Wasserversorgung umgestellt. Jetzt kommt das Wasser aus dem Flint River. Das ist einfacher und billiger. Doch das Wasser ist nicht sauber. Die Behörden hatten es nicht genügend geprüft. Viele Bakterien sind im Wasser, und weil es in Flint viele sehr alte Wasserleitungen gibt, gelangt giftiges Blei ins Wasser.

Die Menschen werden krank, sie erbrechen sich, bekommen am ganzen Körper rote Flecken, und manchen fallen durch die Bleivergiftung die Haare aus. Das ist ein echter Skandal. Doch der Staat Michigan, der das Wasser an die Menschen liefert, will Geld sparen und ändert nichts. Manche vermuten auch, dass es den weißen Politikern, die in der Regierung die Mehrheit bilden, egal ist, weil in Flint viele Schwarze leben.
Natürlich lassen sich die Menschen in Flint das nicht gefallen. Viele protestieren gegen den Skandal. Sie malen Schilder und organisieren Demonstrationen. Auch die Familie von Mari Copeny ist dabei. Die Menschen haben Sorgen um ihre Kinder – ungefähr 20.000 Kinder leben in Flint, sehr viele von ihnen sind krank geworden.

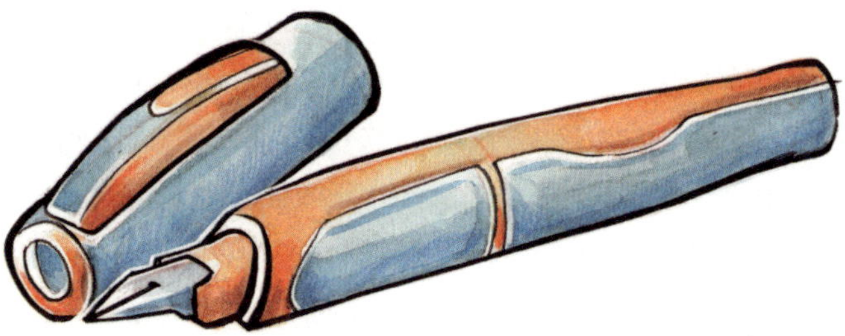

Mari ist acht Jahre alt. Weil sie eine der jüngsten Aktivistinnen ist, wird sie schnell bekannt. Zeitungen drucken Fotos von Mari. Ganz Amerika spricht über die „Little Miss Flint".
Doch nichts ändert sich. Die Menschen werden weiter krank. Da nimmt Mari all ihren Mut zusammen und schreibt einen Brief an Präsident Barack Obama:

Amariyanna Copeny
Flint, Michigan

Submitted via whitehouse.gov
3/14/2016 6:02 PM

Mr. President,

Herr Präsident!
Hallo, mein Name ist Mari Copeny und ich bin acht Jahre alt. Ich lebe in Flint, Michigan, und bin in der Stadt besser bekannt als „Little Miss Flint". Ich bin eines der Kinder, die von diesem Wasser betroffen sind, und ich habe mein Bestes getan, um zu protestieren und mich für alle Kinder einzusetzen, die hier in Flint leben. Diesen Donnerstag fahre ich mit dem Bus nach Washington, D.C., um die Kongressanhörungen unseres Gouverneurs Rick Snyder zu verfolgen. Ich weiß, dass dies wahrscheinlich eine seltsame Bitte ist, aber ich würde Sie oder Ihre Frau gerne kennenlernen. Meine Mutter hat gesagt, dass Sie wahrscheinlich mit wichtigeren Dingen beschäftigt sein werden. Aber es kommen viele Leute mit diesen Bussen, und selbst ein Treffen mit Ihnen oder Ihrer Frau würde die Stimmung der Leute wirklich heben. Ich danke Ihnen für alles, was Sie für unser Land tun. Ich freue mich darauf, nach Washington zu kommen und Gouverneur Snyder persönlich zu treffen und in der Stadt zu sein, in der Sie leben.
Ich danke Ihnen, Mari Copeny

Tatsächlich, der Brief kommt an, und Präsident Obama trifft sich mit Mari. Er setzt sich dafür ein, dass viel Geld investiert wird,

um eine bessere Wasserversorgung für die Menschen zu ermöglichen.
Leider reicht das Geld nicht, und so wird auch Little Miss Flint aktiv. Sie organisiert eigene Spendenaktionen, um Geld für Hilfsmaßnahmen in Flint zu sammeln.
Und endlich gelingt es: Die Bleileitungen werden ausgetauscht und die Bewohner von Flint erhalten Zugang zu sauberem Wasser.

Doch was passiert mit den Menschen, die schon krank geworden sind? Viele haben nicht genug Geld für Ärzte. Wäre es nicht gerecht, wenn diejenigen, die für den Schaden verantwortlich waren, auch die Rechnungen für die Kranken bezahlen?
Die Einwohner von Flint suchen sich Rechtsanwälte. Das sind Menschen, die sich mit Gesetzen auskennen und anderen Menschen

helfen können, dass sie gerecht behandelt werden. Die Rechtsanwälte wenden sich an ein Gericht. Man nennt das: „Sie reichen eine Klage ein“, und der Richter muss dann entscheiden, wer Recht hat.
Die Menschen von Flint klagen gegen den Staat Michigan, der die Verantwortung für das Wasser trägt. Dieses Gerichtsverfahren dauert sieben Jahre. Und dann entscheidet Richterin Judith Levy, dass die Menschen Recht haben. Der Staat Michigan muss den Einwohnern von Flint insgesamt 540 Millionen Euro bezahlen. Eine unfassbar große Summe. Eine Million sind 1000 mal 1000 Euro. 540 Millionen, eine halbe Milliarde Euro! Wenn man es durch 80.000 teilt, sind es 6750 Euro pro Person – davon kann eine Familie mit zwei Kindern ungefähr zwei Jahre lang die Miete bezahlen.
Dieses Geld hilft den Menschen in Flint. Aber was noch wichtiger ist: Das Urteil zeigt, dass sie Recht hatten. Und deshalb hilft es auch anderen Menschen. In Amerika wird nun überall darauf geachtet, dass es sauberes Wasser gibt, denn keiner will noch einmal eine solche Strafe bezahlen.

Alles hat damit angefangen, dass sich auch die achtjährige Mari Copeny für Gerechtigkeit eingesetzt hat. Sie hat sich getraut, einen Brief an Präsident Obama zu schreiben.
Vielleicht kannst du das auch mal machen, wenn du eine Ungerechtigkeit siehst? Man kann an den Bürgermeister schreiben. Oder an den Präsidenten.

Wir haben es mal in Gera versucht. Einige geflüchtete Kinder haben Bilder gemalt und einen Brief an den deutschen Bundespräsidenten Joachim Gauck geschrieben. Darin haben sie aufgeschrieben, was sie brauchen, damit es ihnen gut geht. Wir haben aus den Briefen ein kleines Buch gemacht: „Hallo, Herr Präsident, so lebe ich in Deutschland". Das Buch haben wir an den Präsidenten geschickt. Herr Gauck hat uns geantwortet und die Kinder sehr gelobt. Viele Vorschläge fand er richtig gut. Das hat die Kinder sehr ermutigt.

Ich bin gespannt, ob Mari Copenys Traum sich erfüllt und sie eines Tages Präsidentin der USA wird. Ich würde mich freuen! Auf jeden Fall hat sie jetzt schon Dinge erreicht, die niemand für möglich gehalten hat. Für mich ist sie ein großes Vorbild.

„YOUTH FOR JUSTICE“

Ellie und Anne und ihr Einsatz für Gerechtigkeit

Ellie und Anne brennen für das Thema Gerechtigkeit. Elisa Arnold („Ellie“) studiert Englisch und evangelische Religion. Sie will Lehrerin werden. Das kennt ihr natürlich.

Ann-Christin Gäckles („Anne“) Berufsbezeichnung ist ein bisschen komplizierter. Anne hat einen Abschluss in „International Management“ und macht gerade einen Master in „Kommunikation und Medienmanagement“. Was bedeutet das? Anne hat gelernt, wie Menschen in verschiedenen Ländern miteinander Geschäfte machen und wie man über gute Dinge, die auf der Welt passieren, so spricht, dass man andere dafür begeistern kann.

Ellie und Anne brennen, wie gesagt, für das Thema Gerechtigkeit. So sehr, dass sie davon weitererzählen. Kein Wunder bei einer Lehrerin und einer Frau, die lernt, mit anderen zu kommunizieren. Darum haben Ellie und Anne gemeinsam einen Kurs entwickelt: „Youth for Justice" – „Jugend für Gerechtigkeit". Die Teilnehmer treffen sich online und lernen, wie man globale – also weltweite – Gerechtigkeit fördern kann. Denn oft genug denken wir ja: Was kann ich schon tun? Ellie und Anne haben mich neugierig gemacht, und ich habe ein Gespräch mit ihnen geführt.

Liebe Ellie, liebe Anne, ihr setzt euch für Menschen ein, die unfair behandelt werden. Wie seid ihr selbst auf das Thema Gerechtigkeit gestoßen?

Ellie: Das Thema Gerechtigkeit begleitet mich schon seit dem Kindergarten. Oder eher das Thema „Ungerechtigkeit". Ich habe viel Ungerechtigkeit erlebt – ich wurde gemobbt, für Dinge beschuldigt, die ich nie gemacht hatte, und ausgelacht. Das war richtig unfair und hat meinen Sinn für Gerechtigkeit geschärft. Da ich sehr

schüchtern war, habe ich oft meine Mama zu Hilfe geholt, damit sie sich für mich einsetzt. Über die Jahre habe ich gelernt, für mein Recht selbst einzustehen und meinen Mund aufzumachen, wenn jemand benachteiligt und unfair behandelt wird.
In meinem Studium in England bin ich wieder auf dieses Thema gestoßen. In England gab es viele sogenannte Societies, also Gruppen von Studierenden. Wir haben uns getroffen und über Gerechtigkeit diskutiert. Herzstück der Societies war es, Aktionen durchzuführen, die etwas zum Guten verändern. Wir haben einen Kleidertausch, Müllsammelaktionen, Frühstück für Obdachlose und Demonstrationen organisiert. In derselben Zeit bin ich auf einen Onlinekurs der Organisation Tearfund England aufmerksam geworden, bei dem junge Erwachsene lernen, aktiv eine gerechtere Welt mitzugestalten. Natürlich habe ich mich sofort angemeldet und mitgemacht.

Anne: Vor ein paar Jahren war ich für einige Zeit in Südafrika. Dort sind wir in Schulen gegangen und haben Zeit mit den Kindern vor Ort verbracht. An einem Tag hatten wir ein Spiel organisiert, bei dem sich die Gewinnerin aus einer Kiste mit verschiedenen Dingen einen Preis aussuchen durfte. In der Kiste waren Bälle, Spielzeuge, Armbänder und Kettchen. Außerdem lag noch eine Zahnbürste in der Kiste. Das Mädchen, das gewonnen hat, hieß Eloise. Sie hat sich unter all den Spielsachen die Zahnbürste herausgesucht.

Das war ein Moment, in dem ich gemerkt habe, wie unterschiedlich das Mädchen und ich aufgewachsen waren. Ich hätte mich als Kind niemals für die Zahnbürste entschieden, weil es klar war, dass ich immer eine zu Hause von meinen Eltern habe. Für Eloise war es etwas sehr Besonderes, eine eigene Zahnbürste zu besitzen, und sie hat dafür sogar die schönen Spielsachen beiseite gelassen. Und irgendwie fand ich es ungerecht, dass es Kinder gibt, die sich statt Spielsachen eine Zahnbürste aussuchen, während ich in Deutschland überhäuft mit Spielsachen und Zahnbürsten aufgewachsen bin.

Beide habt ihr also direkte Ungerechtigkeit erlebt. Leider gibt es noch sehr viel mehr Ungerechtigkeit auf der Welt. Welche davon nervt euch am meisten?

Ellie: Mich nervt vor allem, dass wir Menschen im nördlichen Teil des Globus, wo die meisten reichen Menschen leben wie auch wir selbst in Deutschland, uns einfach so wenig

dafür interessieren. Wir bekommen gar nicht mit, wie es den Menschen in anderen Teilen der Welt geht. Wir sind gefangen im Konsumdenken – jeder braucht und verbraucht immer mehr. Reichtum und Genuss sind für uns normal. Wir vergessen, an die Menschen zu denken, denen es nicht so gut geht. Die meisten leben im globalen Süden.

Wenn man sich die Welt wie ein Dorf vorstellt, in dem 100 Menschen leben, dann sind wir in Deutschland alle zusammen nur eine Person aus diesem Dorf. Aber: Wir besitzen fast die Hälfte von dem Geld, das es im ganzen Dorf gibt.

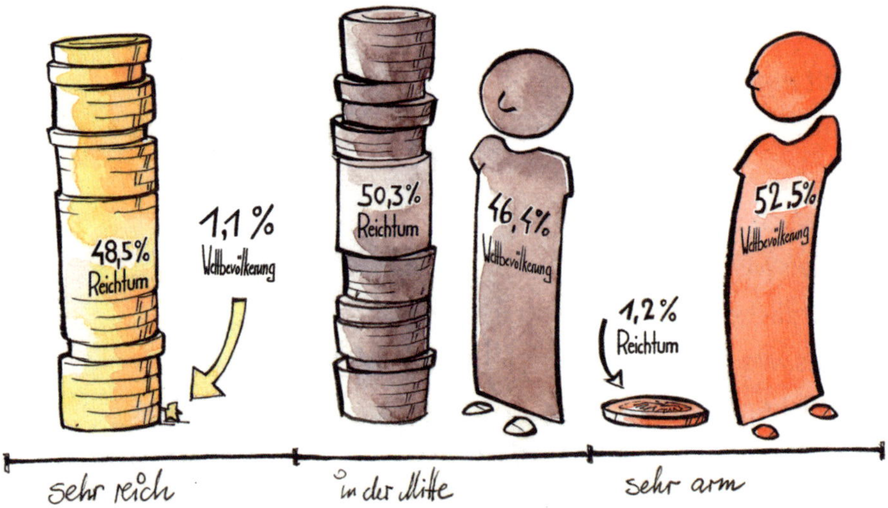

Quelle: https://de.statista.com/statistik/daten/studie/384680/umfrage/verteilung-des-reichtums-auf-der-welt

Deswegen nervt es mich zutiefst – gerade als Lehrerin –, dass wir in der Schule so wenig über das Leben in anderen Ländern lernen. Wir verpassen unsere Möglichkeit, etwas zu verändern.

Anne: Niemand kann etwas dafür, wo er oder sie geboren wurde und wie die Lebensumstände dort sind. Ich kann nichts dafür, dass ich in einem reichen Land geboren wurde. Und Eloise aus Südafrika kann nichts dafür, dass sie in einer armen Gegend geboren wurde. Es ist sehr ungerecht, dass mir fast alle Möglichkeiten auf dieser Welt offenstehen und ihr nicht. Ich habe genug zu essen, ich muss keine Angst haben, wenn ich auf die Straße gehe, ich kann die Schule besuchen und ein Studium machen – und sie nicht. Das ist nicht meine Schuld, aber es ist ungerecht. Und dagegen möchte ich etwas unternehmen.

Habt ihr Vorbilder? Gibt es Menschen, die euch begeistert haben?

Ellie: Vor allem leidenschaftliche junge Menschen, die einfach mal was machen. Statt sich den Mund fusselig zu reden. Einfach mal für Gerechtigkeit einstehen, einfach mal die eigenen Möglichkeiten, den Freundeskreis, das eigene soziale Netzwerk nutzen. Junge Leute, die aktiv werden und nicht nur zusehen, wenn es ungerecht zugeht. Und ich bin immer dann besonders begeistert, wenn wir gemeinsam für etwas einstehen. Wer

sich mit anderen verbindet, der kann etwas bewirken. Das habe ich in Glasgow erlebt, bei einer Klimakonferenz, die ich mit einer Kollegin besucht habe. Dort wurde darüber gesprochen, wie man das Klima schützen kann. Auf den Straßen haben 300.000 Menschen ihre Stimmen für „climate justice now" erhoben: Klimagerechtigkeit jetzt. Mich berührt immer wieder, wenn ich sehe, wie Menschen an einem Strang ziehen, weil sie überzeugt sind von der Hoffnung auf eine bessere Zukunft, auf die wir gemeinsam zulaufen. Das hat echt Power!

Anne: Begeistert hat mich Nathalie Schaller. Auf einer Reise nach Kambodscha hat sie Frauen getroffen, die als Sklavinnen ausgebeutet wurden. Das bedeutet, sie mussten Arbeit machen, die sie nicht machen wollten. Und bezahlt wurden sie dafür auch nicht. Nathalie hat die Situation der Frauen so tief berührt, dass sie beschlossen hat, ein humanitäres Modeunternehmen zu gründen, um die Frauen aus der Sklaverei zu befreien, sie gut zu bezahlen und ihnen ein besseres Leben zu ermöglichen. Und das, obwohl sie eigentlich etwas ganz anderes studiert hat und am Anfang gar keine Ahnung hatte, wie man so etwas macht. Das fand ich ziemlich mutig. Nathalie Schaller sagt: „Liebe kann man nicht kaufen, aber tragen." Ihr Label heißt „[eyd] – Empoyer Your Dressmaker".

Ihr beide habt den Kurs „Youth for Justice" aufgebaut. Wie ist die Idee zu eurem Kurs entstanden?

Anne: Wir haben gemerkt, dass es wenig Angebote für junge Menschen gibt, sich mit dem Thema Gerechtigkeit zu beschäftigen. Dabei haben Jugendliche so viel Energie, Ideen und Potential! Wir wollten einen Rahmen schaffen, in dem Jugendliche über Gerechtigkeit lernen dürfen, voneinander inspiriert werden und aktiv werden.

Ellie: Die Idee ist geklaut! Ich war so begeistert von dem Kurs in England und war überzeugt, dass die Jugendlichen in Deutschland diesen Kurs nicht verpassen dürfen. Der Kurs hat meine Lebenseinstellung und das Bewusstsein für die Schöpfung verändert. Das wollte ich mit so vielen wie möglich teilen. Wir haben den Kurs auf die Fragen und Herzenswünsche von Jugendlichen in Deutschland angepasst. Ich liebe an „Youth for Justice“, dass wir im Miteinander lernen, entdecken und verändern.

Gibt es Ideen, die der Kurs angestoßen hat?

Ellie und Anne: Am Ende des Kurses darf jede und jeder Teilnehmende eine Aktion durchführen und sich damit aktiv für globale Gerechtigkeit einsetzen. Im letzten Kurs ist dabei ein Poetry-Slam entstanden, der auf einer Bühne vor Publikum vorgetragen wurde. Ein Video über die Nöte nach dem Erdbeben

in der Türkei. Eine Teilnehmerin hat Bücher zum Thema Gerechtigkeit gelesen und für jede Seite, die sie gelesen hat, einen Euro gesammelt, um das Geld dann an eine Hilfsorganisation zu spenden.

Eine letzte Frage: Wenn du Bundeskanzlerin wärst, was würdest du tun, damit es gerechter zugeht?

Ellie: Wenn ich Kanzlerin wäre, hätte ich viele Ideen. Eine Idee betrifft Länderpartnerschaften. Ich meine damit, dass jedes Land aus dem globalen Norden ein Land aus dem globalen Süden als Partnerland hat. Die Regierungen der Länder würden sich regelmäßig treffen und voneinander lernen, würden sich unterstützen und Gerechtigkeit herstellen. Gleichzeitig würden sich auch die Schülerinnen und Schüler aus beiden Ländern besuchen und kennenlernen. Ich glaube, dass dadurch eine enge Verbundenheit und Freundschaften entstehen würden.

Anne: Ich würde umsetzen, dass alle Jugendlichen nach der Schule ein Jahr lang in einem sozialen Projekt helfen. Das Projekt wäre für Menschen, die nicht so viel Glück im Leben hatten, die benachteiligt wurden und Ungerechtigkeit erfahren haben. Wir würden ihnen unsere Zeit und unsere Hilfe schenken, ohne dafür Geld zu bekommen. Warum? Weil ich glaube, dass wir lernen können, wie wichtig es ist, gerecht zu sein. Manchmal vergessen wir, wie gut es uns geht. Aber wenn wir anderen Menschen helfen, die weniger Glück hatten, lernen wir, wie wichtig es ist, für alle Menschen in unserer Welt zu sorgen.

Entwicklungszusammenarbeit

Zusammenarbeit mit armen Ländern

Mit vielen armen Ländern arbeitet Deutschland zusammen. Dies nennt man „Entwicklungszusammenarbeit". Das Ziel ist, dass die Menschen in ihren Heimatländern ohne Hunger und Armut leben können und auch die Kinder eine gute Zukunft haben. Um die Lebensumstände zu verbessern, muss alles getan werden, damit die Menschen Arbeit haben, die Kinder zur Schule gehen können und niemand in Angst vor Gewalt oder Krieg leben muss. Entwicklungszusammenarbeit wird von vielen Einrichtungen wahrgenommen – von staatlichen Stellen wie auch von privaten Einrichtungen.

Respektvoller Umgang miteinander

Entwicklungszusammenarbeit bedeutet, dass man die Menschen in den Ländern, mit denen man zusammenarbeitet, achtet und ihnen respektvoll begegnet. Sie werden nicht als Empfänger von Hilfsleistungen betrachtet. Vielmehr geht es darum, mit ihnen gemeinsam festzulegen, welche Projekte durchgeführt werden. Beide Seiten tragen dabei Verantwortung. In vielen Fällen werden die Kosten für die Projekte geteilt.

(**Quelle:** Gerd Schneider, Christiane Toyka-Seid: Das junge Politik-Lexikon von www.hanisauland.de, Bonn: Bundeszentrale für politische Bildung 2023)

Viele unterschiedliche Projekte

Entwicklungszusammenarbeit ist vielfältig. Und es gibt sehr unterschiedliche Arten, wie zusammengearbeitet wird. So kann es zum Beispiel den gemeinsam geplanten Bau von Brunnen oder von Straßen geben. Es gibt auch Projekte, bei denen man die Länder dabei unterstützt, demokratische Spielregeln einzuführen. Manchmal ist es auch wichtig, Geld für Projekte bereitzustellen. Dann muss genau kontrolliert werden, wie das Geld verwendet wird.

Übrigens: Früher hat man oft von „Entwicklungshilfe" gesprochen. Diesen Begriff will man heute nicht mehr verwenden. Könnt ihr euch vorstellen, wieso man stattdessen von „Entwicklungszusammenarbeit" spricht?

VIELE STARKE VORBILDER

Und was können wir tun?

Vorbilder tun gut. Man möchte ihnen nacheifern. Ab der C-Jugend habe ich im Verein Fußball gespielt. Jeden Samstag schauten wir die Sportschau. Ich habe mir alle Tricks der Stars angesehen und sie hinterher im Garten ausprobiert. Das war klasse. Jedenfalls meistens. Manchmal, wenn es auch beim hundertsten Versuch nicht funktioniert hat, war ich enttäuscht. Die Stars im Fernsehen waren einfach so viel besser als ich. Was nützen dir die besten Vorbilder, wenn dir selbst nichts gelingt? Das gilt nicht nur beim Sport. Manchmal fühlt es sich auch beim Thema Gerechtigkeit so an: Ist ja gut und schön, dass es Menschen gibt, die sich dafür einsetzen, dass es weniger unfair zugeht. Aber dann denkt man: „Was kann ich schon machen?"

Lass den Kopf nicht hängen. Du kannst nämlich eine ganze Menge tun. Ein paar Beispiele habe ich in diesem Buch schon erwähnt. Und gleich will ich dir einige weitere Ideen vorstellen. Aber vorher möchte ich eine Geschichte erzählen, die du vielleicht schon kennst. Diese Geschichte erklärt sehr gut, dass man nicht immer etwas Großes tun muss. Man kann im Kleinen viel bewegen.

Ein furchtbarer Sturm tobte. Das Meer wurde aufgewühlt, und meterhohe Wellen brachen sich krachend am Strand. Als das Unwetter langsam nachließ, klarte der Himmel wieder auf. Am Strand lagen unzählige Seesterne, die die Brandung auf den Sand geworfen hatte. Ein kleiner Junge lief am Strand entlang, nahm einen Seestern nach dem anderen in die Hand und warf sie zurück ins Meer. Da kam ein Mann vorbei und sagte: „Du dummer Junge! Was du da machst, ist vollkommen sinnlos. Siehst du nicht, dass der ganze Strand voll von Seesternen ist? Die kannst du nie alle zurück ins Meer werfen! Was du da tust, ändert nicht das Geringste!" Der Junge schaute den Mann einen Moment lang an. Dann ging er zu dem nächsten Seestern, hob ihn behutsam vom Boden auf und warf ihn zurück ins Meer. Zu dem Mann sagte er: „Für ihn wird es etwas ändern!"

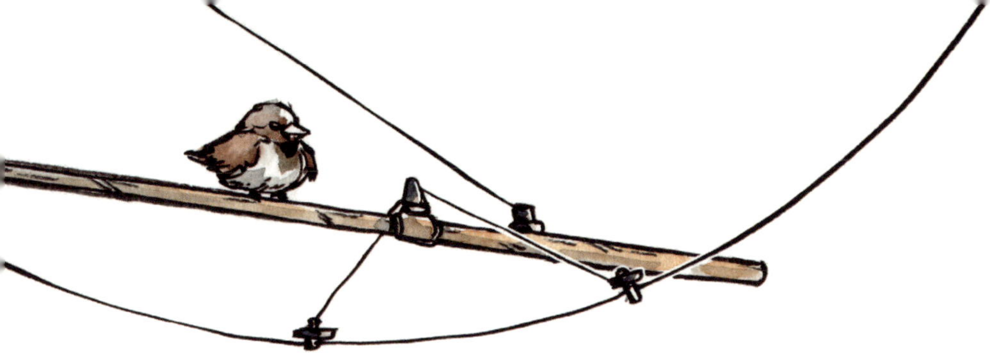

So ist es beim Thema Gerechtigkeit. Man kann nicht alles auf einmal verändern. Aber man kann eine Sache, die richtig unfair ist, verändern. Und wenn viele mitmachen, kann man viel verändern.
Also dann: Was kann man tun? Das Allerwichtigste ist, dass man Ungerechtigkeiten erkennt. Dass man nicht wegschaut, wenn jemand in der Schule gemobbt wird. Oder wenn Lehrer ungerecht sind. Oder wenn man hört, dass es Kindern an anderen Orten viel schlechter geht. Und dann ist wichtig, dass man darüber spricht. Mit Freunden. Mit den Eltern. In der Schule. Dann kann man gemeinsam überlegen, was man machen kann, damit es gerechter zugeht.

Die geflüchteten Kinder in Gera, von denen ich erzählt habe, haben einen **Brief** geschrieben. An den Bundespräsidenten. Briefe sind ein gutes Mittel. Man kann auch einen Brief an eine Zeitung schreiben. Den lesen ziemlich viele Menschen. Einmal habe ich in einer Zeitung einen Leserbrief gefunden, den ein Mädchen geschrieben hat, das im Rollstuhl sitzt. Sie hatte die Erfahrung gemacht, dass die Straßenbahnen in ihrer Stadt zu hoch gebaut sind. Sie kam mit ihrem Rollstuhl nicht über die Stufe. Sie musste immer um Hilfe bitten. Und manchmal konnte sie gar nicht einsteigen. Das hatte sie an die Zeitung geschrieben. Diesen Brief haben sehr viele Leute gelesen. Auch Mitglieder aus dem Stadtrat. Die Stadträte entscheiden darüber, welche neuen Wagen für die Straßenbahn gekauft werden. Und tatsächlich hat der Stadtrat darüber diskutiert. Und es hat sich etwas verändert: An alte Wagen wurden Rampen angebaut, und wenn Wagen gekauft werden, dann solche, die man auch mit dem Rollstuhl befahren kann.

Ellie und Anne haben von einem Poetry-Slam erzählt, wo Texte vorgetragen wurden. So etwas geht auch im Deutschunterricht. Ich glaube, das würde eure Lehrer freuen: Eine **Textwerkstatt** zum Thema „Das ist unfair!“. Man bildet eine kleine Gruppe – und tauscht Ideen aus. Dann schreibt man etwas zum Thema: Einen Aufsatz oder ein Gedicht. Und dann lädt man die Eltern ein oder eine andere Klasse und liest die Texte vor.

Das Gleiche kann man auch im Kunstunterricht machen: Man malt **Bilder** oder stellt Collagen zum Thema zusammen – und kommt dann dazu ins Gespräch. Und je mehr man darüber spricht, welche Ungerechtigkeiten es eigentlich gibt, desto mehr wird man auch dafür tun, dass es weniger unfair zugeht.

Was kann man noch tun?
In der Schule einen Kuchenbasar oder einen Flohmarkt organisieren – und das **Geld**, das man einnimmt, an Kinder **spenden**, die in einem Land leben, wo Krieg herrscht oder Überschwemmung das Land zerstört hat.

Von einer anderen Idee hat Volker Konrad, der dieses Buch so schön illustriert hat, in der Zeitung gelesen. Das hat mich sehr berührt, denn hier haben Kinder, die es selbst nicht immer leicht haben, für andere Kinder gespendet:
In dem Ort Warendorf treffen sich Pflegefamilien einmal im Monat. Kinder, die in Pflegefamilien leben, haben keine leiblichen Eltern mehr. Oder sie sind krank, brauchen selbst Hilfe und können sich nicht um ihre Kinder kümmern. In Pflegefamilien finden sie ein neues Zuhause. Bei einem dieser Treffen hatten die Kinder eine Idee. Sie hatten von Kindern aus der Ukraine gehört. In der Ukraine tobte ein schlimmer Krieg. Viele Häuser wurden zerstört. Und ganz viele Kinder mussten in das Nachbarland Rumänien flüchten. Aber Rumänien ist ein armes Land. Die Familien lebten in Zelten oder alten Häusern, die meisten Kinder hatten keine Spielsachen mehr. Das fanden die Pflegekinder unfair! Sie **sammelten** Buntstifte und **Spiele** und Puzzles und **Stofftiere**. Diese übergaben sie dann an eine Hilfsorganisation, die die Sachen zu den ukrainischen Kindern nach Rumänien brachte. Dort war die Freude groß!

Das sind nur ein paar Ideen von uns. Wahrscheinlich habt ihr noch viel bessere. Die meisten Kinder, die ich kenne, haben einen starken Gerechtigkeitssinn. Und sind oft ziemlich kreativ. Da können wir Erwachsenen uns eine Menge abschauen.

EIN LIED DER HOFFNUNG

Das ist unfair! Leider ist es wahr. Oft geht es unfair zu. Es gibt viel Ungerechtigkeit. Doch zum Glück gibt es eben auch die guten Beispiele, von denen ich in diesem Buch erzählt habe. Es gibt Menschen, die ihre Stimme erheben und etwas für Gerechtigkeit tun.

Beispiele wie die von Malala oder Ruby sind inspirierend. Aber woher nehmen diese Kinder ihre Kraft? Es sind ihre Familien und ihre Freunde, die ihnen zur Seite stehen. Und es sind Lieder, die sie singen. Viele der Gospelsongs, die die Sklaven auf den Baumwollplantagen gesungen haben, sind Lieder von Freiheit und Gerechtigkeit.

Eines der ältesten Lieder der Welt steht in der Bibel. Die Frauen und Männer des Volkes Israel lebten viele Jahre als Sklaven in Ägypten. Und später wurden sie aus ihrem Land vertrieben. Doch sie haben ihre Hoffnung nie aufgegeben. Sie haben Lieder über die Freiheit geschrieben, und die Texte wurden in einem Buch gesammelt. Das Buch heißt Psalter. Es steht in der Bibel, dem heiligen Buch der Juden und der Christen.

Mit zwei Versen aus einem dieser Lieder möchte ich schließen.

Güte und Treue finden zueinander.
Gerechtigkeit und Frieden küssen sich.
Treue wächst aus der Erde empor.
Gerechtigkeit scheint vom Himmel herab. (Aus Psalm 85)

Wenn wir solche Texte lesen und Lieder singen, ermutigt es uns, die Welt zu verändern und sie gerechter zu machen. Kinder und Erwachsene zusammen.

INHALTSVERZEICHNIS

MEIN EIGENES GERECHTIGKEITS-PROJEKT

Habt ihr Ideen, was man für mehr Gerechtigkeit tun könnte? Hier könnt ihr sie aufschreiben. Viel Erfolg dabei!

....

....

....

....

....

....

....

....

....

....

....

....

WER HAT DIESES BUCH GESCHRIEBEN?

Uwe Heimowski

„Papa, wann schreibst du mal ein Kinderbuch?“. Unsere fünf Kinder haben mich das oft gefragt, wenn ich mal wieder ein Buch geschrieben habe. Nun ist es endlich so weit – aber

wahrscheinlich werden sie es dann mal den Enkeln vorlesen. Unsere Kinder sind nämlich schon ein bisschen älter: Die Jüngste wird in diesem Jahr 15 und die Älteste 28 Jahre alt. Ich selber werde tatsächlich schon 60. Da wird es wirklich Zeit für ein Kinderbuch.

Von Beruf bin ich Erzieher und Pastor, wir leben in Gera. Das Thema Gerechtigkeit hat mich schon immer interessiert, und ich finde es sehr wichtig, dass man die Menschen unterstützt, denen es nicht so gut geht. Seit einem Jahr arbeite ich bei Tearfund Deutschland, und wir helfen Menschen – vor allem in Afrika –, die in großer Armut leben. Dabei staune ich immer wieder darüber, wie stark diese Frauen und Männer und Kinder sind. Sie haben wenig Geld, aber viel Mut und kämpfen für Gerechtigkeit. Am liebsten schreibe ich deshalb Geschichten von solchen Menschen auf.

WER HAT DIE BILDER GEMALT?

Volker Konrad
illustriert Kinder- und Jugendbücher, ganz besonders gern auf Papier mit Stiften und Wasserfarben. Er lebt und arbeitet in Münster.
www.volkerkonrad.eu

WIDMUNG

Uwe Heimowski, Volker Konrad
sowie der Neufeld Verlag widmen dieses Buch
– verbunden mit einem dicken Dankeschön –
Hanna Schott: Sie hatte nämlich die Idee dazu.

Dieses Buch wurde in Deutschland hergestellt.

Das Papier, das dafür verwendet wurde, ist FSC®-zertifiziert. Als unabhängige, gemeinnützige, nichtstaatliche Organisation hat sich der *Forest Stewardship Council®* (FSC®) die Förderung des verantwortungsvollen und nachhaltigen Umgangs mit den Wäldern der Welt zum Ziel gesetzt.

Außerdem verzichten wir bewusst darauf, das Buch in Folie einzuschweißen;
unser Versandpartner verwendet zudem Papier und nicht Plastik als Füllmaterial.

n® NEUFELD VERLAG

Die Deutsche Bibliothek verzeichnet diese Publikation in der Deutschen Nationalbibliografie;
detaillierte bibliografische Daten sind im Internet über www.dnb.de abrufbar

Umschlaggestaltung: spoon design, Olaf Johannson
Umschlagbild, Illustrationen und Satz: Volker Konrad
Herstellung: Druckerei & Verlag Steinmeier GmbH & Co. KG, Deiningen

ISBN 978-3-86256-193-3, Bestell-Nummer 590193

neufeld-verlag.de

Bleibt auf dem Laufenden:
YouTube | Instagram | Facebook | **neufeldverlag**
newsletter.neufeld-verlag.de
www.neufeld-verlag.de/**blog**